LOU RAMELET

DI PELERIN SANTEN

NOUVEAU RECUEIL DE CANTIQUES ET PRIÈRES

EN L'HONNEUR DES

SAINTES MARIES JACOBÉ ET SALOMÉ

PAR M. L'ABBÉ BRESSON.

AVIGNON

AUBANEL FRÈRES, IMPRIMEURS

DE N. S. P. LE PAPE ET DE MGR L'ARCHEVÊQUE

Place Saint Pierre, 9.

AVANT-PROPOS.

—

Le pèlerinage des Saintes Maries Jacobé et Salomé en Provence est un des plus anciens et des plus remarquables. L'église actuelle, bâtie sur l'emplacement de la chapelle primitive, a tout l'aspect d'une citadelle. L'époque de sa construction échappe aux plus sérieuses investigations de l'archéologie. On la regarde comme un des monuments les plus anciens de la Provence. Au VIe siècle le pèlerinage des Saintes Maries était déjà en grand honneur. Il a encore un cachet tout particulier d'expansion et de piété enthousiaste qu'on ne trouve que dans les pays méridionaux.

La Fête des Stes Maries se célèbre les 24 et 25 Mai. De nombreux pèlerins y viennent vénérer leurs précieuses reliques. Rien n'est si émouvant que le spectacle des Châsses au moment où elles descendent de la chapelle haute. C'est un concours immense de supplications et de cris qui arrachent des larmes au cœur le plus indifférent.

Une autre particularité, c'est le chant des cantiques. Si on excepte le temps des offices, on entend presque toujours l'église retentir des chants des pèlerins. Plusieurs groupes d'hommes, de femmes, de jeunes filles chantent à la fois et chacun de leur côté des cantiques différents. Jusqu'ici tous ces chantres et ces choristes zélés n'ont eu entre les mains que deux ou trois cantiques en l'honneur des Saintes Maries, et dont un seul est convenable. Aussi plusieurs pèlerins sont-ils obligés d'emprunter fréquemment au *Luth de Marie* et même au *Recueil de l'Ame dévote*. C'est ce qui a déterminé la publication du *Ramelet*, *nouveau Recueil de Cantiques populaires*, dans lequel on trouve des chants, sinon remarquables par leurs mérites littéraires, au moins convenables, simples et pieux comme le peuple les aime.

Le *Ramelet*, contenant une Notice, douze Cantiques nouveaux et plusieurs autres, ainsi qu'une Neuvaine en l'honneur des Saintes Maries, ne se vend que 20 centimes, afin que les pèlerins n'hésitent pas à se le procurer. Il a été soumis à l'approbation de l'Autorité ecclésiastique. Nous espérons que les bons pèlerins de la Provence et du Languedoc y feront bon accueil, et qu'ils aimeront de l'avoir entre leurs mains durant la Fête des Saintes Maries et quelques fois aussi durant leurs longues soirées d'hiver.

RAMELET

DE

CANTICO PROUVENÇAU

A L'OUNOUR DI SANTI MARIO.

I. -- LI SANTO.

Sànti Mario! ah, lou bèu noum!
Sias de Davidenco jitello!
Qu'es bèu e grand voste renoum,
Sias de divino parentèlo :
Es l'Evangile que l'escriéu : (1)
L'immaculado Vierge-Maire
Es vosto sorre, e l'Ome-Diéu
Voste nebout, noste Sauvaire.

Quand Noste-Seigne, rèi di rèi,
Vous a chausido pèr si Tanto,
Es que d'avanço li prevèi,
Vòsti merite, bèlli Santo!
Lou sabié proun, pèr li malaut
Que sàrias pleno de tendresso,
Que garirias tòuti li mau,
Qu'adoucirias touto amaresso !

Servès Jèsus jusqu'à la fin,
L'acoumpagnas jusqu'au Calvàri,
Vous empressas de grand matin
Per l'embauma dins soun susàri.
Vous li proumiero l'avès vist
Ressuscita tout plen de glòri,
Avès precha per tout païs
Sa lèi divino e sa vitòri.

Sànti Mario, noun jamai
Vous rendren glòri noste abounde;
Vòsti benfa, grand mai-que-mai,
S'espandissou dins tout lou mounde :

(1) St Jean, ch. XIX, vers. 25.

Avùgle, infierme, sourd, febrous,
Mourdu pèr de bèsti en furìo,
Touto meno de malandrous
Li garissès, Sànti Marìo!

Ah! que soun grand vòsti poudé!
Ah! que soun richo vòsti douno!
Se n'en farié de long coublet
A voste ounour, santi Patrouno!
Di pàuri maire en mau d'enfant
Alaujas forço li soufranço;
Vous prègon pas jamai en van,
l'outenès bono déliéuranço!...

O Sànto, flour de Paradis!
Bèllis estello clarinello,
Moudèle bèu, mirau requist
Dis espouso e di vierginello,
Fasès-nous segui li clarour
De vòsti piado benesido
E qu'emé vous aguen un jour
Li celèstis entre-lusido.

II. — LA PERSECUCIOUN.

Er: *Sombre forêt, prends part à mes douleurs.*

Quand lou Sauvaire es mounta dins lou cèu,
Leissant li clau de soun reiaume à Pèire,
Dins la Judèio aumentè lou troupèu
De si disciple emai de si cresèire.

Li vièi rabin, li doutour e li rèi
De jalousié devènon boufre e triste,
Enferouna coumploton, fan de lèi
Pèr anienti la religioun dóu Criste.

S'aubouro alor un garo-garo afrous
E li martir temounion de tout caire
Pèr afourti que Jèsus mor en crous
Es Fiéu de Diéu e Messìo e Sauvaire.

Estève mor à-cha-cop de queiroun,
Jaque es passa pèr lou tai de l'espaso,
D'autri s'envan pourri dins li croutoun
O soun brula touti viéu sus la braso.

Li douje aposto an fugi lou païs,
Prèchon Jèsus dins d'aùtris encountrado,
Mai la furour di Jusiòu, m'es avis
Que sara pas de tant lèu amoussado.

Lou grand counsèu que fasié fio di dènt
Vòu metre à mort nòsti Santi Marìo,
Eme Lazàri e si sorre tambèn
Que mai-que-mai rendien glòri au Messìo.

Ausaran pas faire coula soun sang,
S'atirarien dóu pople l'abiranço,
Li Santo soun venerado bèn tant,
Bèn tant dóu pople avièn la counfianço!

Prèndran adounc li Santo à la chut-chut;
Li jitaran su 'no barco marrido,
Pèr que sus mar, liuen di gènt e sèns brut
Au founs dis aigo anon perdre la vido.

Ansin l'infèr e li jusiòu maudi
Soun triounflant! mai sarie-ti cresable!
Nàutri cresian emai sèmpre avian di
Que lou bon Diéu es pu fort que lou diable.

III. — L'EMBARCAMEN.

Er: *Permettez qu'avec franchise.*

Es alor que falié vèire
Li grand prèire
E la chourmo di rabin;
Coumo se rejouïguèron
Quand veguèron
Que di Sànto aurien la fin.

Uno vièio ratamalo
        Que rebalo
Sus la ribo pauramen,
'Me si dóugo desglesido
        Es chausido
Pèr aquel embarcamen.

Li sant fraire e sànti femo
        En lagremo
Soun mena pèr li bourrèu,
E chabi l'un apres l'autre,
        Pàuri vautre !
Sus aquéu marrit batèu.

Sout soun pes la nau trantraio
        E gansaio,
Pauro nau, que devendras ?
Ah ! que vèngue lèu, pecaire,
        D'agoutaire !
L'oundo afloco ras-à-ras.

La nau gàmbio s'alugnavo
        De la gravo
Sai pas coumo e tout plan-plan :
Veici qu'uno femo arribo
        Sus la ribo
Tout en plour e s'escridant :

Menas-me dins la barcado
        Benurado,
O mestresso, menas-me !
Iéu dessus lou toumple eiguestre
        Vole i'èstre,
Dins lou paure veisselet.

La doulènto à bruno caro
        Ero Saro,
Que tambèn voulié mouri
'Mé li Santo au founs dis oundo
        Tant prefoundo,
Pèr la fe de Jèsus-Crist.

Saloumè que Diéu ispiro
        Se reviro,
Trais à Saro soun mantèu ;

Sus lis oundo, ô meraviho !
    La mantiho
Au ribage arribo lèu.

Saro alor se signo e mounto,
    Gaio e proumto,
Sus lou vèsti desplega;
Un revòu que sautourlejo
    La carrejo
E la meno s'embarca,

E la barco meigrinello
    Sènso vèlo,
Sènso remo, sèns pilot,
Gagno vite la mar auto,
    E defauto
Li Jusióu e si coumplot.

IV. — LOU DESBARCAMEN.

Er : *Courons aux Saintes Maries.*

Diéu menavo nòsti Santo
Sus lis erso e li revòu ;
Li menavo triounflanto
De l'infèr e di Jusiòu,
En-lio-mai, sèns prendre terro,
De filado lou batèu
Tout pauret, desglesi qu'èro,
En Prouvènço venguè lèu.

En Prouvènço prenguè toco
San e sauve emé soun pes
Su 'no ribo sènso roco,
En terraire Marsihés,
Dins la grande estendedouiro
De Camargo, alin au bout
Di mountiho e di sansouiro,
Diéu ie porge un trepadóu.

L'Ange qu'èro sus la barco
E qu'avien pa'ncaro vist,
Se fai vèire, e 'n chascun marco
De se rèndre en tàu païs :

« Vous, Lazàri, dins Marsiho,
Meissemin, vous, dedins Ai,
'Me Sidòni au Diéu Messìo
Rendres glòri mai-que-mai.

Marto, vous emé Marcello,
Anas metre à la resoun
La Tarasco orro e crudèlo
Dins lou bos de Tarascoun ;
Sus la roco Avignounenco
Anarés planta la crous,
Vosto dicho proumierenco
Pourtara de fru courous.

Dins l'oumbrino d'uno baumo (1)
Madaleno bello en plour,
Dèu escoundre à la calaumo
Dóu bos negre sa doulour.
E ben lèu la roco memo
S'esmóura de si souspir,
Gardara de si lagremo
Li degout e li trespir.

Dins la vilo de Toulouso
Savournin adurra lèu
La lèi santo e lumenouso
De Jèsus divin soulèu.
Emai tu, lou divin lume,
Vilo d'Arle, vas l'avé,
Reçaupras de Sant Trefume
La semenço de la fe.

Vous àutri, Marìo e Saro,
Restarés 'me li Santen
Sus si bord de l'oundo amaro,
En terraire Camarguen. »
A la santo troupo entiero
Ansin l'Ange i' espliquè
En chascun soun endrechiero
Em' acò dispareiguè.

---

(1) La Sainte-Baume, grotte célèbre près de la ville de St-Maxi-
min, dans laquelle se retira Sainte Madeleine. Une pieuse et poé-
tique légende attribue aux larmes de cette sainte pénitence les
gouttes d'eau qui tombent sans cesse de la voûte du rocher.

V. — LA GLÈISO.

Er : *Di pastouro.* O bén : *Au clair de la lune.*

Pelerin di Santo,
Aro cantaren
L'istòri charmanto
Di tèms proumieren
De la glèiso antico
Fasen lou recit,
Sa glòri istorico
Fai gau de l'ausi.

L'urouso barcado
Adounc pas pulèu
Aguè bouta piado
Foro dóu batèu,
Li Sànti Marìo
Au bord de la mar
Eme de terrìbo.
Drèisson un autar. (1)

Meissemin qu'es prèire
Celebro subran
Au dire di rèire
Li mistèri sant,
E clinant la fàci
Toutis à geinoun
A Dieu rèndon gràci,
Fan la coumunioun.

Sa preièro ardènto
l'outen dóu bon Diéu
D'uno aigo eicelènto
L'eissourg e lou riéu.
Fan un ouratòri
Pèr n'en remembra
La douço memòri
D'aquéu grand benfa.

(1) Cet autel en terre pétrie fut détruit involontairement lors
des fouilles dans l'Eglise en 1448

Alors chascun d'éli
Vai precha la fe
Dóu sant Evangeli
En divers endre :
Saro e li Marìo
Rèston touti tres
E planton caviho
Su 'quéu ribeires.

L'umblo cabaneto
Proche dóu lóuroun
Ie sèr de gleiseto
Emai d'oustaloun,
O Camargo astrado,
Que toun ur es grand !
Lis autre encóuntrado
Te l'envejaran.

Mai, li santi femo
Moron que trop lèu ;
La capello memo
Deven soun toumbèu ;
Tout lou vèsinage
Quatecant i'acour
En pelerinage
Pèr ie rèndre óunour.

La glèiso es pichoto
Noun pòu counteni
Touti lis es-voto
Di malaut gari :
Li douno aboundouso
Bastisson alor
La glèiso autourouso
Coumo un castèu-fort.

Si merlet, si bàrri,
Regardas acò,
Di nemi barbàri
N'an pas cren li cop ;

Tres bélli capellò
En blo de peirard
Se fan courcoussello
'Me si tres autar.

L'uno es sousterrado;
Dins soun calabrun
Saro es venerado
Sus soun autar brun,
Santo Saro briho
Dins l'auto esplendour :
Es de la pauriho
La glòri e l'amour.

L'autro que mesuro
D'amplour forço-mai
De l'architeituro
Es un bèu travai,
Es lou santuàri
De l'autar divin,
La pauso ourdinàri
Di bon pelerin.

Aqui venon querre
Sout un bard terrous
Embalustra en ferre
L'aigo dóu sant pous :
Sa grand renoumado
Chascun la counoui
Garis li dentado
Dis animau foui.

Bèn mai agradivo,
La tresenco amount
A l'autour di nivo
Mounto si pieloun
E de l'oundo amàro
E dóu fiermamen
Vei l'immenso ràro
E la ten d'ament.

Douço e benfasènto
Santo Jacobé
Eme sa parènto
Santo Saloumé
Soun li segnouresso
D'aquel aut palai
Ounte lis a messo
Lou bon rèi de-z-Ai. (1)

Dos caisso bessouno ,
Cofre-fort charmant ,
De nosti patrouno
Gardon li cors-sant
Preciousi caisso
Que sus li malaut
Fan descèndre à raisso
Li doun celestiau.

Quau pourrié retraire
Li cant e li crid
Li tresport amaire
Di pople attendri
Quand li grand carrello
Molon tout plan-plan
De l'auto capello
Lis os miraclant.

Glèiso pu requisto
Crese que jamai
En lio s'èro visto
Ni se veira mai :
O glèiso di Santo
Tu sies m'es avis
La porto charmanto
Dóu sant Paradis.

(1) Le roi René en 1448.

VI. — LI CANT DE LA FESTO.

Er : *Sur cette terre.*

Celebren di Santo
La fèsto esclatanto
E touto charmanto
Dóu bèu mes de mai,
Veiounge e jouvènço
De nosto Prouvènço
I'an fermo cresènço
L'amon mai-que-mai.

De touto encountrado
Carreto tendado
A longui filado
Ie menon li gènt ;
Lou Rose n'en meno
De barcado pleno
E la mar sereno
N'i'en meno tambèn.

Ausès de tout caire
De milo cantaire
Que fan brounsi l'aire
De charmant coublet ;
De voues magnifico,
Dirias angelico,
Canton li cantico
D'aquest RAMELET.

Lou Ramelet-flòri
Vous conto l'istòri
Di Santo e sa glòri
Dins si gai refrin.
Tout lou mounde l'amo ;
De celesto flamo
Vous enfioco l'amo
Di bon pelerin.

Eici se presènto
A vosto memènto
Encaro presènto
LA PERSECUCIOUN ;

Voste cor se barro
Tant dóu garo-garo
Li scèno barbaro
Vous fan fernisoun.

Despereli memo,
Coulon li lagremo
Quand di santi femo
Ven **L'EMBARCAMEN**,
E quand soun chabido
Sus de post pourrido
Pèr perdre la vido
Miserablamen.

Vosto doulour molo,
Voste cor s'assolo
E se reviscolo
Apres lou despart,
Quand Saro se quiho
Dessus sa mantiho
E joun li Marìo
Au miei de la mar.

La barco s'avanço
Sènso maluranço,
Veici l'esperanço
Lou countentamen :
La joio s'alargo
Quand la santo cargo
Vèn faire en Camargo
LOU DESBARCAMEN.

Chascun di cantico
Ansin vous esplico
Li causo istorico
Que segur fan gau :
LA GLEISO charmanto,
LA FESTO esclatanto,
LI CAISSO DI SANTO,
LI PAURI MALAUT.

Maugrat de lou veire
Clar coumo lou veire,

Res pòu dire o crèire
Lou trefoulimen,
La joio celèsto
Que se manifèsto
Aquéu jour de fèsto
Encò di Santen.

Ço que mai countènto
Es quand la descènto
Touto trelusènto
Di CAISSO se fai ;
Alor, o Prouvenço,
Ta fe, ta cresènço ,
Ta fervour inmenso
Jiton flour e rai !...

Se peno crudèlo
Trop fort te bacello
O se taravello
Toun esprit enquiet,
Dins la maluranço
Veici l'estiganço :
Agues counfianço
I Santo e vai ie.

Se pèr malo-estrado
Un jour la goulado
De bèsti enrabiado
Te mord o te poun,
De la mourdaduro,
De la pougnaduro
Pèr osco seguro
Couchon la pouisoun.

Cregnent pèr sa vido
Sus la mar marrido
Quand vers Eli crido
L'umble barqueiròu,
Li Santo patrouno
De la mar furouno
Que bramo e moutouno
Molon li ravòu.

Venès, malurouso
Amo pecadouso,
Faire regretouso
Vosto counfessioun;
Dieu en alegresso
Chanjo l'amaresso;
Farès à la messo
Vostò coumunioun.

Vuei, la penitènço
E la repentènço
An de l'indulgènço
Lou benfa requist
Emai l'esperanço
E l'assegurançò
De la benuranço
Dóu sant paradis.

VII. — LI CAISSO.

Li veici li caisso santo
    Miraclanto !
Pople, prego emé fervour,
Vas reçaupre dins ti peno
    Touto meno
De soulas e de favour.

Voste noum, Santi Mario,
    Amount briho
Glourious en paradis,
Voste noum sus esto terro
    De misèro
En miracle s'espandis.

Belli Santo clarinello
    Qu'enmantello
L'esplendour di rai divin,
Clinas lèu, Santi Marìo,
    Vosto auriho
Vers li crid di pelerin.

Pauro foulo gemissènto
    E doulènto
Vous pregan dóu founs dóu cor :
Ah ! venès, Santi patrouno,
    Faire douno
De vosti divin tresor.

Sus lou pople que vous amo,
    Belli Damo,
Fasès plóure vosti doun
E de vosti santi caisso
    Uno raisso
De miracle e de perdoun.

Acourdas la bello visto
    Tant requisto
A l'avugle ennivouli
Delieuras dè sis estransi,
    De sis ànci
Lou malaut endoulouri.

Outenès la penitènço
    L'indulgènço
A nosti pecat mourtau :
Acourdas i pauris amo
    Dins li flamo
Lou soulas e lou repau.

A la fin d'aquesto vido
    Tant claffido
D'amarun e de tourmen,
Dounas-nous pèr vosto ajudo
    La vengudo
Dóu palais paradisen.

VIII. — LI MALAUT.

Er : *Du brillant soleil à l'aurore.*

Pauri malaut, troupo doulènto,
Anas vous-en devotamen,
Vautre que lou mau despoutènto,
Anas au païs di Santen.

Refrin :

Di pauri malaut
Garissès li mau,
O belli Santo,
Di pauri malaut garissès li mau
Vous que sias tant bono e puissanto. (*bis*)

Pauro afebrido jouino maire,
Vous que lou mau anequeli
Anas lèu dins voste mau-traire ;
Li Santo volon vous gari.

Vous que d'uno bèsti en furio
Aves senti la malo-dènt,
Courès lèu i Santi Mario,
E vous s'arès gari tambèn.

Pauro estroupiado adoulentido,
Pregas li Santo emé fervour ;
Li Santo saran atendrido,
Sarès garido à voste tour.

O paure avugle de neissènço,
Lou sabe ço que vos ave :
Auras la visto en recoumpènso
De ta preièro e de ta fé.

Vous qu'enduras la maluranço
Di flèu e di calamita,
Pregas li Santo en counfianço ;
Li flèu saran lèu esvarta.

Santo misericourdiouso,
Nous gitan à vosti geinoun ;
Sian touti d'amo pecadouso,
Acourdas-nous noste perdoun.

Fasès-nous l'oumorno flourido
De voste baume celestiau ;
Si vertu n'en soun infinido,
Garisson touti li malaut.

VIE DES SAINTES MARIES.

—

(Légende du Bréviaire d'Aix.)

Parmi les saintes femmes que l'Evangile nous montre à la suite du Sauveur, et exerçant auprès de lui leur pieux ministère, se trouvent Marie Jacobé, mère de St Jacques-le-Mineur et Marie Salomé. Elles s'attachèrent à Jésus-Christ et le servirent pendant qu'il prêchait le royaume de Dieu, et lorsque les juifs se saisirent de sa personne, elles ne s'enfuirent pas comme les apôtres, mais elles l'accompagnèrent courageusement jusqu'au pied de la croix, où leur présence fut un soulagement pour les douleurs de sa divine mère.

Après la mort du Sauveur, elles achetèrent des parfums, et le jour d'après le Sabbat, elles vinrent de grand matin au Sépulcre, elles le trouvèrent vide, et tandis qu'elles allaient en toute hâte annoncer aux apôtres que Jésus était ressuscité, Jésus leur apparut, et les rendit ainsi, par privilége, les premiers témoins de sa résurrection.

Au moment de l'Ascension de Jésus, elles reçurent comme les autres disciples sa bénédiction, puis avec les apôtres et la Vierge Marie elles se rendirent dans le Cénacle, où persévérant dans la prière, elles attendirent la venue de l'Esprit-Saint. Après que le feu du Ciel les eut remplies de ses ardeurs, elles restèrent dans la douce compagnie de la divine Vierge dont elles étaient les fidèles amies et les proches parentes (1). C'est par elles que leur âme fut façonnée à ces admi-

---

(1 Sainte Jacobé était si proche parente de la Sainte Vierge que l'évangile l'appelle sa sœur. Saint Jacques-le-Mineur son fils était appelé frère du Seigneur, et il lui ressemblait parfaitement de visage. Les fidèles allaient exprès à Jérusalem pour le voir, et en le regardant ils croyaient voir encore Notre-Seigneur après son Ascension.

rables vertus dont elles apportèrent l'éclat dans nos contrées.

Bientôt une persécution ayant éclaté parmi les juifs, les Saintes Maries Jacobé et Salomé, Marthe, Madeleine sa sœur et Lazare son frère, ainsi que Maximin et plusieurs autres disciples furent saisis et jetés sur une barque dépourvue de vivres, de voiles, de rames, et lancée ainsi sur la vaste étendue de la mer (1). Elles devaient infailliblement périr dans un naufrage, mais la barque, conduite par la main de Dieu, vint aborder heureusement sur les côtes de la Provence dans l'île de Camargue (2).

(A leur arrivée, elles élevèrent à Dieu un autel en terre pétrie sur lequel Maximin célébra les saints Mystères. Le Seigneur fit sourdre à côté de l'autel une source d'eau douce, et l'on bâtit en ce même endroit une modeste chapelle.)

Tandis que leurs compagnons s'étaient dispersés pour évangéliser divers pays, Marie Jacobé et Marie Salomé s'arrêtèrent sur le rivage de l'île que forment les deux bras principaux du Rhône. Elles y passèrent leur vie dans les rigueurs de la mortification, la suavité de la prière et la solitude avec Dieu.

Marie Jacobé mourut la première. Marie Salomé alla la rejoindre bientôt dans le ciel. Les larmes des insulaires honorèrent leurs funérailles. Elles furent ensevelies à côté l'une de l'autre dans leur chapelle. Bientôt les miracles rendirent leur tombeau glorieux, et les Fidèles y accoururent en pèlerinage.

Dans tous leurs malheurs publics ou particuliers, les habitants de cette île ont éprouvé les effets de la protection des Saintes Maries, aussi élevèrent-ils sur leur

(1) D'après la tradition, il y avait aussi dans la barque Sainte Sara compagne de Sainte Salomé. Son embarquement miraculeux est représenté sur presque toutes les images des Saintes Maries. Ses reliques se trouvent sur l'autel de l'église souterraine.

(2) L'île de Camargue appartenait aux Marseillais et était habitée par leurs colons; c'est pour cela que les anciens historiens pisent que les Saintes Maries ont débarqué sur la terre de Marseille, ou même à Marseille.

tombeau une église remarquable avec le titre de *Notre-Dame de la Mer*, bâtie en forme de citadelle pour abriter les saintes reliques et pour être en même temps un lieu de refuge contre les incursions des pirates.

L'an 1448, René, roi de Provence, avec l'agrément du pape Nicolas V, fit faire des fouilles pour retirer de terre les reliques des Saintes Maries. Au moment de leur découverte, elles répandirent une odeur des plus suaves. Après avoir été reconnues authentiques, elles furent déposées dans une châsse en bois de cyprès et élevées dans la tour de l'église. La cérémonie se fit en présence du roi et de toute sa cour, du légat du Pape, de treize évêques, d'un grand nombre d'abbés, de théologiens, de prêtres, de laïques en dignités et d'une foule immense de peuples accourus de divers pays.

(En 1793, durant la tourmente révolutionnaire, les reliques des Saintes Maries échappèrent aux profanations de l'impiété, grâce au zèle et à la prudence du pasteur de la paroisse (1).)

Enfin l'an 1859 elles furent de nouveau reconnues authentiques et enveloppées d'une étoffe de soie rouge et revêtues du sceau archiépiscopal et placées dans de nouvelles châsses.

Le crédit dont les Saintes Maries jouissent dans le Ciel, auprès de Dieu et de son Fils Jésus-Christ, reçoit un témoignage éclatant dans le concours immense des populations voisines, qui chaque année se réunissent autour de leurs reliques, et dans les grâcee abondantes qui semblent sortir de leurs ossements sacrés.

(1) Dans la nuit du 22 octobre 1793, M. Avril, curé des Saintes Maries, aidé du sieur Antoine Molinier, défonça l'ouverture des châsses, en retira les reliques formant deux paquets distincts, les enveloppa d'une grosse toile et les cacha dans un hangar à côté du cimetière. Elles en furent retirées le 24 mai 1797, avec grande solennité, et transférées dans la chapelle haute où elles sont encore aujourd'hui.

CANTIQUES ET PRIÈRES

EN L'HONNEUR

DES SAINTES MARIES JACOBÉ ET SALOMÉ.

I. — GLOIRE AUX SAINTES MARIES.

Air : Courons aux Saintes Maries.

Pèlerins pieux et sages
Qui venez rendre en ces lieux
Aux Maries vos hommages,
Offrez-leur vos chants joyeux.

Refrain :

Nous courons, Saintes Maries,
Près de vous en ce beau jour,
De nos âmes attendries
Recevez les chants d'amour.

Gloire à vous, la mère heureuse
De saint Jacques-le-Mineur,
Jacobé, sœur vertueuse
De la mère du Sauveur.

Gloire à vous, parente aimable
De Marie et de Jésus,
Salomé, femme admirable,
Autre exemple de vertus.

Gloire à vous, humble et fidèle
Servante de Salomé,
Sainte Sare, beau modèle
De douceur, de charité !

On vous jette, saintes Dames,
Sur la mer pour y périr,
Sans patron, sans mât, sans rames,
Qu'allez-vous donc devenir ?

De là-haut le Seigneur veille
Sur votre humble bâtiment,
Le conduit près de Marseille,
En Camargue heureusement.

Demeurez dans la Provence,
Protégez les Provençaux ;
Donnez-nous votre assistance
Dans nos peines et nos maux.

Imitons de nos patronnes
Les exemples vertueux,
Nous aurons près de leurs trônes
Une place dans les cieux.

II. — LES PÈLERINS.

Air : *Je suis Chrétien, c'est là ma gloire.*

Patronnes saintes et chéries
De la Provence, astres divins,
Du haut des Cieux, saintes Maries,
Daignez bénir vos pèlerins.

On vous voyait sur cette terre
Du Rédempteur suivre les pas ;
Vous le suivez jusqu'au Calvaire,
Vous le servez jusqu'au trépas.

Vous accourez, ô grandes Saintes,
Pour embaumer son divin corps,
Un Ange vient calmer vos craintes,
Jésus n'est plus avec les morts.

Votre grand zèle émeut la rage
Des principaux du peuple juif,
Qui vous exposent au naufrage ;
Dieu gardera le frêle esquif.

La nef qui porte encor Lazare
Et ses deux sœurs et Maximin,
Sidoine aussi, Marcelle et Sare,
A pour patron l'Ange divin.

La pauvre barque ainsi s'avance,
L'Ange la mène sur les eaux
Et dans sa sainte providence
Dieu la destine aux Provençaux.

O glorieuses Marinières,
Vous nous comblez de vos faveurs,
Assistez-nous par vos prières
Dans nos périls et nos malheurs.

Dans la suprême traversée
De cette vie, emmenez-nous
Sur votre barque bien-aimée
En Paradis, auprès de vous.

III. — L'EGLISE DES SAINTES MARIES.

Air: *Chrétiens qui combattons.*

Quel est ce monument comme une citadelle
Couronné de crénaux, surmonté d'une tour,
Où tant de pèlerins embrasés d'un saint zèle
Font retentir leurs chants d'allégresse et d'amour ?

Refrain :

Glorieuses saintes Maries,
Nous avons tous recours à vous ;
Nos patronnes chéries,
Priez, priez pour nous[1]...

L'antique monument si digne de mémoire,
Par ses grands souvenirs justement renommé,
C'est un temple, un tombeau, le tombeau plein de
De sainte Jacobé, de sainte Salomé!...   [gloire
Glorieuses saintes, etc.

De tout le Languedoc, de toute la Provence
Accourent à l'envi les pieux pèlerins ;
C'est ce lieu qu'à choisi la sainte Providence
Pour répendre sa grâce et ses bienfaits divins.

C'est là que se montrant bonnes et tendres mères,
Les Saintes que le peuple aime et vénère tant
Font descendre du Ciel les grâces salutaires
Sous forme de prodige et miracle éclatant.

On voit le pauvre aveugle à la prière ardente,
L'infirme endolori les yeux mouillés de pleurs,
Le malade épuisé que la fièvre tourmente
Exposer tour à tour leurs maux et leurs douleurs.

Celui qui des malheurs ressent l'horrible peine
Et qu'un monde égaré ne console jamais,
Et le pécheur aussi qui veut briser sa chaîne
Y viennent rechercher les célestes bienfaits.

Et tous ces malheureux que la souffrance afflige
Reçoivent en ce lieu chacun leur guérison,
Et le pauvre pécheur par un plus grand prodige
Y retrouve à la fois la paix et le pardon.

Peuples du Languedoc, peuples de la Provence
Venez toujours prier les Saintes en ces lieux ;
Elles vous obtiendront un jour pour récompense
De voir et de chanter leur gloire dans les cieux.

IV. — PATRONNES CHÉRIES.

Air : *Quant te coustèron.*

Troupe fidèle ,
Nous qu'un saint zèle
Toujours appelle
Sur ces bords lointains,
Offrons aux Maries
Patronnes chéries
De grâces remplies
Nos joyeux refrains.

Ames ferventes,
Saintes amantes,
Dignes parentes
Du Sauveur Jésus ;
En vous, ô Maries,
Patronnes chéries,
Se sont réunies
Toutes les vertus.

L'amour transporte
Votre âme forte,
Et vous conforte
Au pied de la croix.
Là, saintes Maries,
Patronnes chéries,
Vous êtes transies
D'horribles effrois.

Portez le baume,
Le doux arôme
Au Dieu fait homme
Qui pour nous est mort.
Cessez, ô Maries,
Patronnes chéries,
D'être endolories,
Jésus vit encor.

Le divin Maître
Daigne apparaître,
Se fait connaître
Et vous l'adorez.
Heureuses Maries,
Patronnes chéries,
Vous baisez, ravies
Ses beaux pieds sacrés.

On vous outrage :
L'enfer en rage
Par le naufrage
Veut votre trépas.
La barque, ô Maries,
Patronnes chéries,

Malgré les furies,
Ne sombrera pas.

Dans la Provence
Votre puissance,
Votre clémence
Brilleront toujours.
Donnez-nous Maries,
Patronnes chéries
Et tendres amies,
Votre bon secours.

La mer du monde
Qui toujours gronde
Veut, dans son onde,
Nous voir engloutis.
Menez-nous, Maries,
Patronnes chéries,
Aux rives fleuries
Du saint Paradis.

V. — LE *SALVE* DES SAINTES MARIES.

Salut, grandes Saintes Maries,
Parentes de l'*Emmanuel*,
De grâces vous êtes remplies
Entre les femmes d'Israël.
Vous embaumez notre Provence
De vos bienfaits, de vos vertus,
Amour, honneur, reconnaissance
A tout jamais vous soient rendus!

Dans les dangereuses traverses
De cette vie obtenez-nous
D'échapper aux ruses perverses
Du monde et de l'enfer jaloux;
Que conduits par vos mains bénies
Nous arrivions, après l'exil,
Auprès de vous, Saintes Maries,
En Paradis. Ainsi soit-il.

NEUVAINE

POUR OBTENIR DES SAINTES MARIES UNE GRACE PARTICULIÈRE.

PRIÈRES

Pour tous les jours de la Neuvaine.

---

† Venez, Saint-Esprit, remplissez les cœurs de vos fidèles, et embrasez-les du feu de votre amour.

℣. Envoyez-nous votre Esprit, et il se fera une création nouvelle.

℟. Et vous renouvellerez la face de la terre.

Oraison. — O Dieu qui avez instruit les cœurs des fidèles par la lumière du St-Esprit , accordez-nous par la vertu de ce même Esprit , la grâce d'aimer et de goûter ce qui est bien, et de nous réjouir toujours de ses divines consolations. Ainsi soit-il.

PRIÈRE AUX SAINTES MARIES.

Glorieuses Saintes Maries, le souvenir des vertus que vous avez pratiquées sur la terre, et le grand nombre de miracles que vous opérez chaque jour en faveur des malheureux pécheurs et des pauvres malades, m'inspirent la plus grande confiance en vous. Je viens me jeter à vos pieds et me recommander à votre miséricorde.

Comme la meilleure invocation que je puisse vous faire, c'est l'imitation de vos vertus, je désire imiter désormais votre humilité, votre application à la prière, votre vie de foi, de zèle et de dévouement. Je veux imiter en particulier votre amour pour la personne de Notre-Seigneur Jésus-Christ et pour les pauvres malheureux. Faites que, comme vous, je rende témoignage à notre sainte Religion et au péril même de ma vie. Faites que je pratique les vertus de mon état et et que j'évite les occasions du péché. Obtenez-moi en particulier *telle grâce*..... et pour telle personne....

Ici on désigne la grâce particulière ou la personne, et on récite 5 PATER *et* 5 AVE MARIA. *Après on ajoute :*

Grandes Saintes Maries, faites agréer mes vœux et mes prières à Notre - Seigneur Jésus - Christ et à sa divine mère, la Vierge immaculée, celle que l'évangile appelle votre sœur et dont vous étiez les douces compagnes et les amies fidèles. Le Seigneur qui, a cause de vos vertus, et de votre dévouement pour sa personne sacrée, vous a accordé d'opérer tant de merveilles durant votre vie, vous accordera aussi la grâce que je vous demande. Accordez-moi la guérison de mes infirmités spirituelles et corporelles. Accordez-moi de régler ma vie sur vos exemples de vertus, et enfin la grâce d'avoir un jour le bonheur des élus dans le Ciel. Ainsi soit-il.

On récite ensuite les Litanies des Saintes Maries.

LITANIES

Seigneur, ayez pitié de nous.
Christ, ayez pitié de nous.
Seigneur, ayez pitié de nous.
Christ, écoutez-nous. Christ, exaucez-nous.
Dieu le Père des cieux, ayez pitié de nous.
Dieu le Fils, Rédempteur du monde, ayez pitié de n.
Dieu le Saint-Esprit, ayez pitié de nous.
Trinité sainte qui êtes un seul Dieu, ayez pitié de n.
Sainte Vierge Marie, mère immaculée de Jésus, Priez pour nous.
Saintes Maries Jacobé et Salomé, proches parentes de la Mère de Jésus, Priez pour nous.
Stes Maries, mères de plusieurs Apôtres de Jésus, Priez pour nous.

Saintes Maries, fidèles servantes du Sauveur Jésus, Priez pour nous.

Stes Maries qui avez assisté et consolé la mère de Jésus, Priez pour nous.

Stes Maries qui avez profité des exemples et des leçons de Jésus, Priez pour nous.

Ste Maries qui avez suivi jusque sur le Calvaire le Sauveur Jésus, Priez pour nous.

Stes Maries qui avez porté des parfums pour embaumer le corps de Jésus, Priez pour nous.

Stes Maries qui avez appris par un ange la Résurrection de Jésus, Priez pour nous.

Ste Maries qui les premières, après sa résurrection, avez vu et adoré Jésus, Priez pour nous.

Stes Maries qui avez été les Apôtres des Apôtres, en leur annonçant la résurrection de Jésus, Priez.

Stes Maries qui avez été témoins de l'Ascension de Jésus, Priez pour nous.

Stes Maries qui avez persévéré dans la prière avec la Mère de Jésus, Priez pour nous.

Stes Maries qui avez reçu le Saint-Esprit avec les Apôtres de Jésus, Priez pour nous.

Stes Maries qui avez souffert la persécution pour l'amour de Jésus, Priez pour nous.

Stes Maries qui avez été exposées au naufrage pour la foi de Jésus, priez pour nous.

Stes Maries qui avez embaumé la Judée et la Provence de la bonne odeur de Jésus, Priez pour nous.

Stes Maries qui par vos ferventes prières avez converti les peuples à Jésus, Priez pour nous.

Stes Maries qui avant de mourir avez reçu les derniers Sacrements de Jésus, Priez pour nous.

Stes Maries qui durant votre agonie avez invoqué le nom de Jésus, Priez pour nous.

Stes Maries qui avez quitté cette terre dans l'amour de Jésus, Priez pour nous.

Stes Maries qui intercédez sans cesse pour nous dans le Ciel afin de nous conserver la foi de Jésus, Priez.

Soyez-nous propice, Pardonnez-nous, Seigneur.
Soyez-nous propice, Exaucez-nous, Seigneur.
Par l'intercession des Saintes Maries, Délivrez-nous, Seigneur.
De tout péché, Délivrez-nous, Seigneur.
Du naufrage et des inondations, Délivrez-nous.
De la peste, de la famine et de la guerre, Délivrez-nous Seigneur.
Du mal de la rage, Délivrez-nous Seigneur.
De tout mal épidémique, Délivrez-nous, Seigneur.
De la mort éternelle, Délivrez-nous, Seigneur.
Agneau de Dieu qui effacez les péchés du monde, pardonnez-nous, Seigneur.
Agneau de Dieu qui effacez les péchés du monde, exaucez-nous, Seigneur.
Agneau de Dieu qui effacez les péchés du monde, ayez pitié de nous, Seigneur.
Christ écoutez-nous, Christ exaucez-nous.

℣. Priez pour nous, glorieuses Saintes Maries.
℟. Afin que nous soyons dignes des promesses de Jésus-Christ.

ORAISON.

Seigneur Dieu tout-puissant, nous vous supplions de nous accorder par votre bonté ineffable et par les mérites et l'intercession des Saintes Maries Jacobé et Salomé, la grâce de vous servir fidèlement sur la terre et de vous glorifier éternellement dans le ciel.

Ainsi soit-il.

℣. Que les âmes des fidèles trépassés reposent en paix. ℟. Ainsi soit-il.

LE CANTIQUE ANCIEN
DES SAINTES MARIES.

O grandes Saintes Maries,
    Si chéries
De notre divin Sauveur,
Apprenez-nous votre histoire
    Et la gloire
Qui captiva votre cœur.

Pour cette gloire immortelle
    Avec zèle
Vous servites Jésus-Christ ;
Déjà sa main vous couronne
    Et vous donne
Tous les biens qu'il vous promit.

Quand cette auguste Victime
    Dans Solyme
Expiait tous nos forfaits,
Avec sa divine Mère,
    Au Calvaire,
Vous exprimiez nos regrets.

Vous courûtes désolées,
    Eplorées,
A son sépulcre sacré,
Mais les Anges qui survinrent
    Vous prévinrent
Qu'il était ressuscité.

Votre voix se fit entendre
    Pour apprendre
Ce miracle glorieux ;
Vous fûtes persécutées
    Outragées
Par un peuple furieux.

Dans un bateau sans cordage
    Au naufrage
On vous exposa soudain ;
Mais de Dieu la Providence
    En Provence
Vous fit trouver un chemin.

O saintes, dont la mémoire
Et la gloire
Triomphent en ce saint jour;
Obtenez-nous par la grâce
Une place
Dans le bienheureux séjour.

AUTRE CANTIQUE.

Air : *Quelle nouvelle et sainte ardeur.*

I. Voyez sur cette vaste mer
Sans voile, ni mât, ni cordage,
Ce vaisseau que poursuit l'enfer
Pour le dévouer au naufrage.

Refrain.

En ce beau jour, ô pèlerins pieux,
Que nos voix attendries
Portent nos vœux, nos chants jusques aux cieux,
En l'honneur des Maries.

II. Du peuple juif maudit du ciel
Subissez en paix la colère,
Pieuses filles d'Israël ;
Qu'en Jésus votre cœur espère.

III. Dans la Judée, humble mortel
Comme nous il voulait paraître;
Mais toujours fils de l'Eternel,
Aux flots il commandait en maître.

IV. Aujourd'hui qu'il a, dans les cieux,
Revêtu la toute puissance,
Par un prodige glorieux
Il prouvera sa providence.

V. Chargé de ton noble fardeau,
Malgré les vents, la mer profonde,
Avance, ô bien aimé bateau !
En vain pour toi la foudre gronde.

VI. Il avance, heureux Provençaux,
Fendant les flots, quoique fragile ;
Le ciel le conduit dans nos eaux:
La Camargue lui donne asile.

VII. Saintes femmes que le Sauveur
Ainsi préserva du naufrage,
Vous nous bénites de bon cœur,
Nous acceptant pour héritage.

VIII. Dès lors objet de vos bontés,
Vous nous avez servi de mères,
Guérissant nos infirmités,
Soulageant toutes nos misères.

IX. Conservez parmi nous la foi
Dont, sur cette île hospitalière,
Servantes du Souverain Roi,
Vous fîtes briller la lumière.

X. Que nous soyons chrétiens fervents;
Qu'à Dieu notre raison soumise
Nous rende de pieux enfants
En tout dévoués à l'Eglise.

XI. Dans ce triste vallon de pleurs
Nous perdons souvent confiance :
Conservez-nous dans nos malheurs
La paix et la douce espérance.

XII. Que le feu de la charité
Brûle en nous des plus vives flammes,
Et que l'aimable pureté
Comme un beau lis brille en nos âmes.

XIII. Au pauvre mendiant son pain
Ouvrez la main de l'opulence;
Soyez mères de l'orphelin,
Et protégez son innocence.

XIV. Obtenez à tous ici-bas
Du ciel l'impérissable gloire;
Soutenez-nous dans nos combats :
Nous remporterons la victoire.

XV. Et de votre nom glorieux,
Dans tous les temps, Saintes Maries,
Retentiront nos chants joyeux :
A jamais vous serez bénies.

CHANT DU CHRÉTIEN.

Je suis chrétien, c'est là ma gloire,
Mon espérance et mon soutien,
Mon chant d'amour et de victoire,
Je suis chrétien, je suis chrétien.

Je suis chrétien, en mon baptême
Dieu dans mon cœur grava sa loi ;
Je fus marqué du sceau suprême ;
Sa grâce vit et règne en moi,

Je suis chétien ; j'ai Dieu pour père,
Je veux l'aimer et le servir ;
Avec sa grâce tutélaire
Je veux pour lui vivre et mourir.

Je suis chrétien, je suis le frère
De Jésus-Christ mon Rédempteur.
L'aimer, le suivre et lui complaire
Fera ma gloire et mon bonheur.

Je suis chrétien, je suis le temple
Du Saint-Esprit, du Dieu d'amour ;
Celui que tout le ciel contentemple
En moi vient faire son séjour.

Je suis chrétien, ô sainte Eglise,
Je suis fier d'être votre enfant
Et de ma foi toujours soumise,
Mon cœur suivra l'enseignement.

Je suis chrétien, sur cette terre
Je passe comme un voyageur,
Je vais au ciel dans la lumière
Puiser la vie et le bonheur.

CANTIQUE POUR LA COMMUNION.

Refrain.

Le voici l'Agneau si doux,
Le vrai pain des Anges,
Du ciel il descend pour nous :
Adorons le tous.

C'est un tendre père,
C'est le bon Pasteur,
Un ami sincère,
C'est Notre-Sauveur.

C'est l'amour suprême,
Trésor des élus,
C'est le ciel lui même,
Puisque c'est Jésus.

C'est la sainte hostie,
Le vrai pain des cieux,
D'éternelle vie
Gage précieux.

Céleste modèle
D'aimable douceur,
Tous il nous appelle;
Courons à son cœur.

Le Dieu de lumière,
Astre bienfaisant,
Entend la prière
Du pauvre et du grand.

Au meilleur des pères
Ah ! venons ouvrir
Toutes nos misères
Qu'il veut secourir.

Disons-lui nos peines,
Toutes nos douleurs ;
Il rompra nos chaînes,
Ravira nos cœurs.

De notre faiblesse
Il aura pitié ,
De notre tristesse
Prendra la moitié.

Sa sainte présence
Remplit notre cœur
De reconnaissance,
D'amour, de bonheur.

Dans ce saint mystère
Quels biens infinis !
Le ciel et la terre
Y sont réunis.

Arche d'alliance,
D'éternels secours,
Avec confiance
Allons y toujours.

LE CIEL EN EST LE PRIX.

Le ciel en est le prix !
Que ces mots sont sublimes
Des plus belles maximes
Voilà tout le précis.

Refrain.

Le ciel, le ciel, le ciel en est le
  prix. (*Bis.*)

Le ciel en est le prix.
Mon âme, prend courage
Ah ! si dans l'esclavage.
Ici bas tu gémis, Le ciel etc.

Le ciel en est le prix :
Amusement frivole
De grand cœur je l'immole
Aux pieds du crucifix. Le ciel.

Le ciel en est le prix.
La loi demande-t-elle,
Fut-ce une bagatelle,
N'importe j'obéis. Le ciel. etc.

Le ciel en est le prix :
Endurons cette injure
L'amour propre en murmure,
Mais tout bas je lui dis : Le ciel.

Le ciel en est le prix :
Dans l'éternel empire
Qu'il sera doux de dire :
Tous mes maux sont finis.

Le ciel, le ciel, le ciel, en est le
  prix : bis.

Avignon. — Imp. Aubanel fr.

www.ingramcontent.com/pod-product-compliance
Lightning Source LLC
Chambersburg PA
CBHW051337060726
47596CB00004B/1659